prise
deparole

Éditions Prise de parole
205-109, rue Elm
Sudbury (Ontario)
Canada P3C 1T4
www.prisedeparole.ca

Nous remercions le gouvernement du Canada, le Conseil des arts du Canada, le Conseil des arts de l'Ontario et la Ville du Grand Sudbury de leur appui financier.

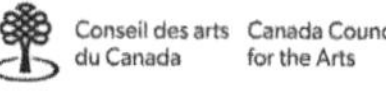

# Manman la mer

suivi de

# Rendez-vous lakay

*Trente exemplaires de cet ouvrage
ont été numérotés et signés par l'autrice.*

DJENNIE LAGUERRE

# Manman la mer

suivi de

# Rendez-vous lakay

Théâtre

Éditions Prise de parole
Sudbury 2021

Œuvre en première de couverture : Sonia Ekiyor-Katimi / Studio Baby Cupid, *Manman la mer*, aquarelle et collage, 2021
Conception de la première de couverture : Olivier Lasser

Édition et infographie : Chloé Leduc-Bélanger
Révision linguistique : denise truax
Révision du créole : Jean Emmanuel Pierre
Correction d'épreuves : Sonya Malaborza



Diffusion au Canada : Dimedia

**Catalogage avant publication de Bibliothèque et Archives Canada**
Titre : Manman la mer ; suivi de Rendez-vous lakay / Djennie Laguerre.
Autres titres : Pièces de théâtre. Extraits. | Rendez-vous lakay
Noms : Laguerre, Djennie, auteur. | Laguerre, Djennie. Manman la mer | Laguerre, Djennie. Rendez-vous lakay
Description : Texte en français et en créole haïtien.
Identifiants : Canadiana (livre imprimé) 20210091894 | Canadiana (livre numérique) 20210092041 | ISBN 9782897442187 (couverture souple) | ISBN 9782897442194 (PDF) | ISBN 9782897442200 (EPUB)
Classification : LCC PS8623.A3885 A6 2021 | CDD C842/.6—dc23

# Manman la mer

*Manman la mer* a été créée le 8 février 2020, à Ottawa, dans une production du Théâtre la Catapulte.

## Équipe de création

| | |
|---|---|
| Texte et interprétation : | Djennie Laguerre |
| Mise en scène et conception de l'espace : | Dayane Ntibarikure |
| Musicienne sur scène : | Sara Rénélik |
| Composition et environnement sonore : | Elena Stoodley |
| Conseiller à la scénographie et construction du décor : | Benoît Brunet-Poirier |
| Éclairages et projections : | Shawn Henry |
| Costumes : | Isabelle Bélisle |
| Assistance à la mise en scène et régie : | Katie Rocheford |
| Direction de production et surtitres : | Kyle Ahluwalia |

## Distribution

| | |
|---|---|
| La Conteuse : | Djennie Laguerre |
| L'Ancêtre : | Sara Rénélik |

## Personnages et codes du conte théâtral à honorer

La Conteuse : Marjolaine, trente-huit ans ; dans cette pièce, elle revisite son passé.

L'Ancêtre : Le personnage est interprété par une chanteuse ou un chanteur, ou par une musicienne ou un musicien. Dans le but de bien saisir le personnage, il est important de se référer à la mythologie et à l'histoire ancestrale afro-haïtiennes. L'Ancêtre est à la fois un parent proche de la descendance familiale de Marjolaine et un parent lointain de sa descendance africaine ancestrale.

Au début, Marjolaine ne voit pas l'Ancêtre. Lorsqu'elle est à l'hôpital, elle ressent sa présence ; c'est seulement lorsqu'elle est en Haïti qu'elle peut le voir.

Instrument de percussion : le shékéré, outil de l'Ancêtre. Autres noms : une grande gourde, un hochet, un shaker, un asson.

Il est important que tous les bruits et onomatopées soient interprétés en direct par la Conteuse et l'Ancêtre afin d'honorer la tradition orale du conte haïtien. Les seuls sons qui peuvent être préenregistrés sont la radio, le moniteur cardiaque et les sons de tambours traditionnels haïtiens qu'on entend vers la fin de du spectacle.

## Décor

Deux chaises simples en bois ou des roches sur lesquelles s'asseoir. Sur la chaise/roche de la Conteuse sont peintes des images de vévés.

Espace scénique en forme de cercle ou de demicercle ; une scène, un espace de jeu théâtral qui permet de briser le quatrième mur.

Dans la religion vaudou, un *vévé* est un dessin sacré qui rassemble tous les symboles d'un *lwa*, c'est-à-dire d'un esprit. Ils peuvent être dessinés au sol ou sur d'autres supports par un *hougan* (prêtre) ou une *mambo* (prêtresse) lors de rituels.

Exemple d'un vévé représentant Erzulie Freda

Exemple d'un vévé représentant Papa Legba

## Partie 1

*Entrée de la Conteuse en salle en même temps que les derniers spectateurs. L'Ancêtre est déjà assise sur scène, côté jardin. La Conteuse se promène, salue les gens dans la salle avec un regard, un sourire. Peut-être regarde-t-elle trop longtemps quelqu'un, comme si elle voulait partager un moment de joie, de tristesse ; peut-être donne-t-elle un câlin à quelqu'un qui semble en avoir besoin. Une fois que la Conteuse arrive du côté cours avant de la salle, la scène va au noir. Lorsque les lumières se lèvent sur la scène, elle se trouve au centre de la salle, assise sur une chaise et regardant droit devant vers le public.*

LA CONTEUSE

*Mesyedam lasosyete bonswa !* Je me présente : je m'appelle Marjolaine et l'histoire que je vais revivre avec vous transforme ce lieu en *Lakou lakay* et fait de moi votre conteuse. Je vous conte cette révélation sous la direction des ancêtres et avec les charmes d'une conteuse haïtienne. Alors, si la cour ne dort pas, qu'elle réponde *Krak* lorsque je dis *Krik. Krik ? Ye krik ? Ye misti krik ? Ann ale.*

Lorsque j'avais dix ans, je dis à ma maman : « *Manmi*, je revois, le jour, des choses dont je rêve la nuit. » Maman, qui remplissait de vêtements un grand sac de poubelle noir, arrête subitement de faire les valises de papa pour me demander :

— Vraiment ? Décris-moi tes rêves, Marjolaine.

— Encore mieux, je peux te les montrer.

Je sors mes œuvres de mon miniportfolio Crayola que j'avais déjà dans les mains et les installe rapidement sur les meubles du salon… Voilà ! Maman visite en silence la galerie d'art qui vient d'apparaître autour d'elle. Ses lèvres sourient à l'image d'une femme agenouillée derrière une petite fille qui dessine sur le sable. Ses sourcils se soulèvent à l'image de trois femmes assises sur une roche, au bord de la mer. Ses yeux se remplissent d'eau à l'image d'une femme qui, sous un ciel bleu, parle à un oiseau. Ses dents se serrent à l'image de trois femmes perchées sur un bureau, des crayons en main et des bisous aux lèvres. Mais c'est l'image d'une voiture qui frappe un mur de fleurs qui brise le silence de maman.

— Arrête de peindre et de dessiner l'avenir. J'ai travaillé trop fort pour nous éloigner de ce charabia spirituel. J'ai abandonné mon pays, mes coutumes, ma famille, ma mère…

— Oh ! Est-ce que ça veut dire qu'on vient d'une famille de gypsies, ou encore mieux de voud/

— *Sa w ap di la !* Qu'est-ce que tu connais du… Ah ! Arrête tout, arrête de rêver même, merde ! Pardon… (*Elle fait le signe de la croix.*) Oh Jésus ! (*Elle soupire.*) Marjolaine, écoute-moi. Nous avons assez de difficulté à nous faire une place dans ce pays sans attirer ce genre d'attention. Majojo, je veux une vie différente de la mienne pour toi. Une vie simple, pleine de succès et de bonheur.

— Mais *Manmi*, si c'est mon destin… Peut-être que je suis comme la sorcière bien-aimée. Tu sais ? (*Elle bouge le nez comme le personnage de télé.*) Et si je suis bonne pour faire de la magie comme *I Dream of Jeannie*. (*Elle bouge la tête et les bras comme le personnage de l'émission.*) Ben… Maman, pas toutes les choses d'Haïti sont mauvaises.

— Si c'est mon destin… Pas toutes les choses d'Haïti sont mauvaises… Tu as seulement dix ans et tu oses débattre les paroles de ta mère ? Hum ! Preuve que tu seras une grande avocate. En parlant d'avocat, ton père ne sera pas heureux que tu gaspilles ton temps de lecture à peindre et à dessiner tes rêves.

Maman me fait signe de ne pas oser répondre puis elle vide le sac de poubelle des habits de papa pour y mettre mon art. Au même instant, on entend les clés de papa dans la serrure. « Vite, cache le sac dans ta chambre, je le mettrai dehors, aux poubelles, plus tard. » Je ne dis rien, mais je cache rapidement mes rêves au fond de mon garde-robe, où maman ne les trouvera jamais. De toute façon, mes œuvres sont vite oubliées, laissant place aux « *Lanmèd !* » de maman et « Chérie, pardonne-moi ! » de papa.

Car vous voyez, mon père n'était pas seulement un grand avocat, il était aussi un grand coureur de jupons. Oh, oui ! Je comprenais à dix ans l'image des secrétaires... Vous vous souvenez des trois femmes perchées sur le bureau de mon père, crayons en main, bisous aux lèvres ? Je savais que maman avait aussi compris l'image, mais qu'elle faisait semblant de ne pas comprendre. Quelques jours plus tard, je découvre combien maman comprenait bien des choses lorsque ma peinture de la voiture qui entre dans un mur de fleurs se réalise en direct sous nos yeux.

*L'Ancêtre fredonne doucement sous les paroles de la Conteuse.*

L'Ancêtre

*Ti zwazo, koté w pralé ? Mwen pralé kay fiyèt Lalo Fiyèt Lalo konn manjé timoun. Si w ale lap manje w tou*

La Conteuse

Chaque dimanche matin, monsieur Gendron, notre voisin et ennemi *numero uno*, traversait Chez Fleurette, le dépanneur du coin où il passait des heures à lire tous les journaux des kiosques avant d'acheter le même journal qu'il achetait à chaque fois. Pas ce dimanche matin là. Chaque dimanche matin, maman ignore les commentaires que monsieur Gendron nous lance lorsqu'on le croise en route vers l'église. Pas ce dimanche matin là. Car non seulement maman l'empêche de traverser, mais elle lui répond en créole : « *Gade vye enbesil, pa gen edikasyon, pa konn pale franse gèt manman w, gèt papa w, gèt...* »

Seul le grincement aigu des freins parvient à interrompre maman. On se tourne tous les trois, en même temps, pour voir une voiture défoncer le mur de Chez Fleurette et détruire tous les kiosques de journaux où monsieur Gendron lit habituellement ses nouvelles, pour finalement s'arrêter devant la caisse...

Monsieur Gendron regarde l'accident puis il regarde maman qui, à son tour, me regarde… *Krik !?*

*Son du shékéré pour marquer le moment.*

À partir de ce dimanche matin là, monsieur Gendron n'était plus notre ennemi *numero uno*, mais notre allié *numero uno*. Peut-être qu'il s'était dit : « Cette femme-là, elle a sauvé ma vie, malgré toutes les fois que j'ai crié à sa famille : "Retournez d'où est-ce que vous venez, bande de singes. Arrêtez de voler nos jobs." » Ou peut-être qu'il s'est dit : « Crisssse… Ce monde-là, y sont magiques pour vrai ! J'suis mieux de les garder de mon bord. » Qui sait ? On s'en fout, car monsieur Gendron était devenu le protecteur de maman et le meilleur mononcle blanc qu'une petite fille noire pouvait avoir. Même papa avait arrêté ses soirées galantes pour parler, non, plutôt pour crier politique avec monsieur Gendron, et ça, seulement s'il n'y avait pas une bonne *game* de hockey ou de soccer à la télé.

Comme pour monsieur Gendron, l'incident m'avait changée, mais d'une autre façon. Car voir les choses avant qu'elles ne se réalisent, c'était trop intense pour moi ! Je n'avais jamais rêvé de quelque chose de négatif avant. Quoi, maintenant il faut que je m'occupe des gens en danger ? Non, non, non… Maman, me voyant bouleversée, me conseille :

— Oublie tes rêves ou tu auras la vie misérable de ma mère, la vie que j'ai fuie. Une vie toujours entourée de *moun kap plede mande èd, mande remèd, mande rekômandasyon*. Tu n'as plus le temps pour une vie normale, plus de temps pour tes rêves, pour tes enfants… Oh ! Tu es adorée par plusieurs, mais jugée par beaucoup d'autres. Tu es prise dans un petit village, avec des petites mentalités… (*Elle respire.*) Majojo, je veux une vie simple pour toi, pleine de succès et de bonheur.

Je ne dis rien à maman, mais moi aussi, je voulais une vie simple pleine de succès et de bonheur. J'étais déjà si différente des autres. J'étais la seule Noire dans mon école, la seule enfant qui préférait lire ou dessiner à la récréation au lieu de sauter à la corde ou de jouer au hockey. J'écoute maman ! J'arrête de peindre et de dessiner afin d'oublier mes rêves.

## Partie 2

LA CONTEUSE

Tout allait bien… Mais quelques jours plus tard je me réveille, mon corps brûlant de fièvre et mes gencives recouvertes de taches blanches. Une maladie qu'aucun médecin ne peut guérir ou expliquer. Maman, une infirmière de métier, prend en main ma guérison après qu'un dentiste lui ait dit : « C'est chaud comme l'enfer dans la bouche de cette enfant… Madame, vous ne prenez pas bien soin de votre fille ». Maman regarde le dentiste de la tête au pied avant de lui répondre : « Allez en enfer voir si j'y suis ». *Ye krik !?*

Pendant ce temps, papa va travailler… Au bureau, à l'hôtel, dans l'ascenseur… (*En aparté*) Oui, dans l'ascenseur. Mais maman n'était pas seule dans sa mission de guérison. Ah, non ! Elle s'était armée de ses amies infirmières, des amies que j'appelle mes taties. Une tatie jamaïcaine, une tatie cubaine et une tatie québécoise… Attends minute… « Vous aussi, madame Gendron ? », je demande à la seule femme blanche du groupe. (*En aparté*) Oui, c'est la femme de monsieur Gendron.

Elle soulève ses cheveux pour me montrer l'image tatouée derrière son oreille droite. C'est un oiseau noir, les ailes grandes ouvertes, la tête tournée sur le côté, regardant le monde d'un œil protecteur. « C'est pour mieux entendre les ancêtres. » C'est ce qu'elle me dit avant de me donner à boire un autre de leurs remèdes couleur crotte de nez. Les quatre infirmières, malgré toutes leurs recettes dégoutantes, leurs méthodes pénibles de désintoxication (*touchant son derrière*) et leurs bains de glace, n'arrivaient pas à me guérir de ma maladie. Finalement, encouragée par mes taties, maman téléphone en Haïti, « au petit village, avec des petites mentalités » pour demander de l'aide à sa mère qu'elle avait abandonnée.

Dieu merci ! Ma grand-mère répond tout de suite et me sauve d'un bain de pipi que les sorcières… je veux dire, que les infirmières planifiaient pour faire baisser ma fièvre. « Je me fous de toutes les vitamines qu'il y a dedans, je ne prendrai pas un bain de votre pipi ! »

*Personnifiant la grand-mère.*

« Ah ! *Ti pitit fi m nan fô* – donnez à ma petite-fille un bain de feuilles… Lime, menthe, basilic *sa w jwenn nan Canada* pour la guérir… *Pa bliye*, les pétales de roses et les huiles parfumées pour rafraichir son corps, ses esprits… *Apre beny lan, prepare yon* belle fête pour ma petite-fille qui devient femme trop vite pour son corps d'enfant… Mais surtout… Célébrez cette étape de sa vie avec la musique, *bon ti manjé, bon ti blag…* »

À moi elle dit : « *Pa pè se fanm vanyan w ye*, c'est mon sang qui coule dans tes veines, oui. *Nou menm*, notre descendance, on n'a peur de rien sur cette terre ». Et elle se met à chanter : « *Fèy, o ! Sove lavi mwen, nan mizè mwen ye, o !* »

*La Conteuse, personnifiant toujours la grand-mère, entame la chanson traditionnelle « Fey nan bwa » et l'Ancêtre continue la chanson jusqu'à « bon ti blag ».*
*La Conteuse redevient Marjolaine.*

Maman et mes taties me donnent un bain de limes, de feuilles et de prières. Un bain qui me guérit de ma fièvre et de mes taches blanches, laissant place à ma première menstruation. Et comme recommandé par ma grand-mère, nous célébrons avec de la musique *Bon ti manjé, bon ti blag*… Hé, hé… c'est ça !

— Mon père à moi, commence madame Gendron, c'est lui qui nettoyait nos linges de menstruation, à ma mère, mes trois sœurs pis à moi. Quand je rencontre des hommes qui ont peur des règles, je vois combien il était sage pis noble, mon père !

— J'aime ton père, je lui dis.

— Moi aussi, ma p'tite… Moi aussi, elle me répond.

— Quand mon père a su que j'avais *my period*, commence ma tatie jamaïcaine, il me dit « *Monmi told me you're a woman now* ». Je lui réponds « *Yes* ». (*Elle secoue la tête, revivant l'embarras.*) Après *a long, long, long silence*, Daddy *touch me hand and tells me* (*en patois jamaïcain*) « *Chicken merry, hawk deh near…* » *I said* « *Thanks…* » sans comprendre qu'est-ce qu'un *chicken* et un faucon ont à faire avec ma nouvelle situation.

On rit toutes jusqu'à ce que ma tatie cubaine partage son expérience.

*Avec un accent cubain.*

— Moi, toujours avec mon *Papá*… On joue au football, on répare des automobiles et on se promène en ville. Quand mes règles me gardent au lit malade chaque mois, *Mamá* gagne sa fille à nouveau. Elle envoyait mon petit *Papá* inquiet faire des courses, elle me nourrissait de mes plats préférés, elle coiffait mes cheveux et elle peignait mes ongles. Elle se mettait même à danser et à chanter pour me divertir. Mes maux de ventre sont vite remplacés par des rires aux éclats, car ses performances étaient très *telenovela*, dramatiques. (*Elle chante une chanson de Julio Iglesias*) *Amor, amor, amor, nació de tí, nació de mí, de la esperanza.* Je ne comprenais pas avant, mais maintenant je comprends qu'elle me montrait comment faire face aux joies et aux peines d'une *mujer*.

En regardant le ciel, elle dit :

— *¡ Te extraño, Mamá !*

Ensuite, elle me demande :

— *Amor*, tes ongles, tu veux les peindre rouges ou *rojo* ?

Bien sûr, j'ai répondu (*au public*) *rojo*. Et les taties et maman se mettent à rire et chanter « *Amor, amor, amor* » jusqu'à ce que je demande :

— Qu'est-ce qui arrive aux garçons ?

*Pause.*

Finalement ma tatie cubaine me répond :

— Rien, *mamacita, ¡ nada !*

Maman ne partage aucune histoire, mais elle prend soin de moi chaque mois jusqu'à ce que j'atteigne la maturité pour le faire moi-même. Après mon bain de guérison, plus de fièvre, plus de taches blanches et plus de visions… Hum ! Aussitôt que mes rêves avaient disparu, aussitôt je les voulais de nouveau.

*Son du shékéré.*

Je les cherchais partout. Dans la paume de ma main, au fond de ma tasse de thé, même dans mes coups de pinceau. Rien. Disparus pour toujours. Je demande à maman de me laisser parler à ma grand-mère pour qu'elle m'aide à ravoir mes rêves mais elle me répond : « Non, il n'y a pas de place dans cette famille pour une autre mystique… Tu es intelligente, pleine de courage, Majojo. Il vaut mieux aider les gens avec un diplôme en droit qu'avec un asso/ (*Elle fait le geste de jouer du asson, mais arrête en plein mouvement.*) Hum… une boule de cristal. Marjolaine, je veux une vie simple pour toi, pleine de succès et de bonheur. »

Encouragée par ma maman, j'accepte l'absence de mes visions. Je grandis. Je deviens une grande avocate comme mon père. Exactement comme mon père sauf que je n'avais pas d'aventure galante… dans les ascenseurs. Mais j'avais plusieurs amants. Et un fiancé. Oui, j'avais un fiancé ! Oui, j'avais la vie que maman voulait pour moi et… Non, elle ne savait pas que j'avais des amants. Durant un petit tête-à-tête, dans notre resto préféré, un de mes amoureux me fait la remarque : « Sais-tu que tu dessines, un peu partout, de minuscules petits dessins de croix, de cœurs et de fleurs ? » Aussitôt l'observation faite, je m'aperçois que je dessinais de minuscules petits dessins de croix, de cœurs, de fleurs, sur sa main avec mes doigts et que ma serviette de table était recouverte de dessins de croix, de cœurs, de fleurs. Je regarde mon porte-document ouvert sous la table et sur la couverture de mes dossiers, je vois encore des croix, des cœurs et des fleurs. J'ouvre mes dossiers et au coin de chaque page de cas terminé… des croix, des cœurs, des fleurs… Je ne sais pas quand ni comment j'ai quitté mon amant, mais je me suis rendue à mon bureau, ensuite à mon appartement, où je trouvais ces mêmes minuscules dessins sur toutes sortes de choses comme des blocs-notes, le coin d'une nappe, des coins d'enveloppe, au bas des pages de mes cahiers et de mes livres, aux bas des pages de journaux, dans mes souliers, sur des étiquettes de vêtements… Sur un mur ? Non ! C'est trop ! Je refuse de voir ces dessins dans tous les recoins de ma vie. Alors, j'arrête de les chercher, de les dessiner et de les voir. Ce qui donne lieu à une autre maladie.

Car j'ai aussi arrêté de travailler, arrêté de parler, arrêté de manger… Tranquillement, un besoin d'arrêt a envahi mon esprit, mon corps, ma vie. Alors je l'ai fait. J'ai arrêté.

*L'Ancêtre produit avec sa voix ou un instrument le son d'un moniteur cardiaque ou/et on entend le bruit préenregistré d'un moniteur cardiaque.*

Mon fiancé et mes amies ont alerté mes parents. Mes parents ont informé notre médecin de famille. Ensemble, ils m'ont mise à l'hôpital où une intraveineuse nourrit mon corps pendant que des prêtres, des psychologues, mes taties et même monsieur Gendron essaient de me sortir de ma léthargie. Mais personne n'arrive à me guérir… Personne n'arrive à me guérir mais une présence sereine, inexplicable, m'enveloppe et me protège durant mon arrêt.

*Le son du moniteur cardiaque disparaît graduellement pour faire place au chant de l'Ancêtre, qui interprète « Lakou-a », un chant traditionnel haïtien. La Conteuse ressent la présence de l'Ancêtre sans la/le voir.*

L'Ancêtre

*Nou rive anndan lakou a*
*N'ape mande si pa gen granmou o*
*Nan lakou a*
*Nanpwen papa, nanpwen pitit o*

*Nanpwen papa, nanpwen pitit o la ye*
*Nou rive anndan lakou a*
*Nape mande si pa gen granmoun o*
*Nan lakou a*

La Conteuse

Je demeure en arrêt longtemps, puis un jour, maman me dit : « On la nomme *Manman lanmè* parce que son amour est aussi vaste que l'océan. Elle prend soin de tellement de gens... Un village entier est enveloppé de ses soins, de son amour. Combien d'âmes en péril ont échoué à son port à la recherche de secours, de guérison, de réconfort ? Impossible de les compter. Et les amants... Un nombre embarrassant de prétendants étaient toujours à sa porte, à sa fenêtre, à ses hanches. Le balancement de ses hanches donne naissance à beaucoup d'enfants. Comme moi, ta maman. J'étais plutôt une mère pour tes oncles et tes tantes au lieu d'une grande sœur à cause du mode de vie de celle qu'on nomme *Manman lanmè*. Elle avait du temps pour tout le monde sauf moi, sa fille. J'ai fini par détester son mode de vie... J'avais honte de mes racines, alors je me suis éloignée d'elle, de sa vie et de son héritage. Ah ! Malgré tout, je me retrouve toujours à ses pieds, à lui demander secours. (*Pause*) Peut-être que c'est le temps de lui demander pardon. J'ai compris... Je t'amène voir ma mère, en Haïti. Elle t'a déjà aidée... Elle le fera de nouveau. » À la fin de son discours, elle dépose sur mon lit d'hôpital le sac poubelle plein de mes œuvres. Vous vous souvenez ? Celui que j'avais caché au fond de mon garde-robe lorsque j'avais dix ans. Personne n'arrive à me guérir, mais l'offrande de mes œuvres et les paroles de maman invoquent en moi un renouement, une renaissance. *Ye misti krik !?*

*La Conteuse peut voir l'Ancêtre, qui offre une présence sereine.*

*Son du shékéré.*

## Partie 3

*L'Ancêtre chante une chanson qui introduit le voyage en Haïti. En Haïti, la Conteuse peut voir l'Ancêtre à certains moments. Grand-mère voit l'Ancêtre tout le temps.*

La Conteuse
Cela nous amène, maman et moi, vingt-sept ans plus tard, à la rencontre de mon destin, à la rencontre de *Manman lanmè*, ma grand-mère. Mais… Une fois en Haïti, j'entre seule au village, car à la dernière minute maman me remet mes valises et me dit : « Ah ! Je ne peux pas… Laisse-toi guider par ton courage vers ta guérison… Une maison jaune, là-bas ! ». Et elle saute dans un taxi et disparaît au bout de la route. Laissée seule et anxieuse, je reste longtemps devant la maison jaune, sans bouger. Quand je décide finalement de frapper à la porte, elle s'ouvre avant que je ne la touche. Et là, devant moi, la femme qui parlait à un oiseau dans ma peinture d'enfance m'enlace

d'un chaleureux : « *Byenvni amou, byenvni...* Pourquoi si longtemps à la porte sans frapper ? » (*Au public*) Comment ? Elle voit à travers les portes ? « Viens entre, *pitit fi mwen*. Donne tes valises à Dédé, il les mettra dans ta chambre. (*Elle crie au loin.*) *Dede vini mete malèt Majojo nan chanm li*. (*À Marjolaine*) À moins que tu veuilles rester à l'hôtel... Ah non ! Pas d'hôtel pour toi. Tu es chez toi, *pitit fi mwen*. »

Je veux lui dire que maman est là mais qu'elle manque de courage. Je veux aussi lui dire que je ne rêve plus du futur, que je me sens perdue dans ma vie simple, normale, pleine de succès... Et de bonheur... Au lieu, je lui tends une valise. « *Mèsi pitit mwen* », elle me dit en ouvrant la valise pleine de produits canadiens. Elle pousse un cri de joie à la découverte de grosses batteries qu'elle met tout de suite dans une vieille machine poussiéreuse. Elle ajuste les antennes et la musique envahit la maison jaune.

*La Conteuse fait mine de changer plusieurs fois de poste de radio. On entend de la musique populaire et de la musique traditionnelle haïtienne. Elle s'arrête sur la chanson «Mabouya» de Tabou Combo.*

« *Azou panm panm, azou panm panm... men yon ti asyèt manje ak yon boutèy kola lakay*. » (*Au public*) Comment sait-elle que j'aime tout ça ? « *Manje timoun*... J'ai des visites à faire avant d'aller travailler à l'hôtel en haut de la colline. *Manje amou nou pral pran la ri.* »

*La Conteuse, personnifiant la grand-mère, chante et danse en sortant de la maison.*

L'Ancêtre
*Limen limyè an...*

La Conteuse
*Et yo renmen wèl...*

L'Ancêtre
*Limen limyè a...*

La Conteuse
*Li mèt te chandèl...*

L'Ancêtre
*Limen limyè a...*

La Conteuse
*Li mèt pidetwal... AAAAA ! Ann ale cheri !*

*La Conteuse redevient Marjolaine.*

Une fois dehors, elle montre du doigt un camion en haut de la côte. À côté, Dédé nous fait signe de la main, mais en route vers le véhicule, grand-mère fait ses visites. Elle entre dans une maison où, après avoir embrassé un bébé, elle prépare un bain de feuilles pour sa mère en chantant : « *Pa kriye ti manman, pa kriye... Si l tombe la leve...* » Dans une autre maison, elle encourage une nouvelle maman à se lever et s'asseoir sur un seau d'eau chaude en lui disant : « *Pou mari w pa fè floup-floup lè nap fè lanmou*... Ah, ah. » Sa dernière visite est la plus intéressante pour moi. Elle entre dans une petite église où elle donne à son ami prêtre : « *On ti manje santé pou* arthrite, *pou* haute pression, *e pou gason ki pa gen madanm.* » Les deux amis se mettent à rire comme des petits enfants et, à notre départ, le prêtre nous donne une bouteille de rhum et des bénédictions.

Pendant toutes nos visites et notre marche vers le camion, j'observe *Manman lanmè*. Elle marche avec aisance, ses pieds fermes au sol. Elle ne flotte pas au-dessus comme une fée. Ses mains sont enlacées dans les miennes. Elles ne brandissent pas une baguette dans les airs pour faire chanter du gospel aux oiseaux. Bref, elle ne fait rien de magique ni de mystique. (*Au public*) J'étais un peu déçue. Vous allez rire, mais secrètement, j'espérais avoir ma propre petite grand-mère magique style Walt Disney... genre... Mary Poppins ! Mais non, elle était plutôt une version antillaise de *Doctor Quinn, Medicine Woman*. Une sage et douce grand-mère.

Une fois à l'hôtel, nous contournons rapidement la porte d'entrée principale afin d'entrer dans la cour arrière. Le grand espace décoré de fleurs et de cocotiers s'étend sur une plage. Là, des gens habillés tout de blanc nous accueillent. Tout de suite, ma grand-mère disparaît dans cet océan de robes, de chemises et de pantalons blancs. Alors, seule, je me présente comme si c'était normal pour moi d'être parmi eux, habillée en jeans et t-shirt. On me demande de l'aide pour décorer leurs habits avec des foulards, des ceintures et des rubans de couleur. Puis, un bel homme, torse nu, me donne un flambeau à tenir tandis qu'il étire ses muscles. (*Au public*) Oh ! J'ai chaud alors je lui remets tout de suite son feu. Il m'avait à peine remerciée quand une belle dame à la peau claire m'embrasse et me dit :

— Je suis ta tatie Rayray, Majojo. Heureuse de te rencontrer enfin.

Elle est accompagnée d'un homme très mince qui me sert très fort dans un chaleureux câlin :

— *Mwen se Tonton w wi Majojo ! Tonton Maron ! A la bèl ou bèl cheri.*

À leur départ, un élégant petit vieillard me prend la main :

— Oh ! Déesse, je cherche une femme comme vous depuis toujours !

Avant que je puisse réagir, une voluptueuse jeune femme lui crie :

— Je croyais que tu cherchais une déesse comme moi, Pépé. Comment oses-tu me laisser pour ma cousine ?

Pépé nous fait une petite danse d'excuse avant de partir à la poursuite d'un derrière pointu qui passait par là. La voluptueuse jeune femme rit avant de se tourner vers moi :

— Magali, c'est mon nom, cousine. Allons te trouver un siège pour regarder le spectacle… À moins que tu veuilles y participer ?

Je réponds « Non ! », alors elle me dirige vers les sièges de spectateurs.

*Bruit de vagues qui se brisent sur le rivage.*

La plupart des spectateurs sont des touristes de l'hôtel. Je le devine par leurs tenues et leurs accents. Ils sont assis sur des chaises, sur des pierres, ou ils s'appuient contre des cocotiers. Moi, je trouve un siège à côté d'une femme qui a le visage caché sous un large chapeau de paille. Ce qui m'a paru bizarre puisque le soleil venait de se coucher. Dès que je m'assois dans mon siège, la dame au grand chapeau de paille se lève et marche vers le centre de la scène. Une fois au centre, elle enlève son chapeau. Et qui vois-je ? C'est ma grand-mère qui me fait un clin d'œil. Elle est vêtue d'une robe blanche et porte un foulard doré sur la tête. Elle lève un bâton haut vers le ciel avant de le planter au sol en criant « *Ayibobooooooo* » et le spectacle commence.

*Son de tambour traditionnel haïtien.*

En premier, mon tonton Maron, les yeux masqués, fait une incroyable danse de serpent sur scène. Ensuite, le cracheur de feu, la tête levée vers le ciel, illumine la nuit. Autour de lui, de jeunes hommes, flambeaux en main, font des culbutes au rythme des « Ouh ! » et des « Ah ! » des spectateurs. En même temps, ma grand-mère dessine dans le sable une image qui ressemble presque à une... croix. Et à chaque branche de l'image, d'autres artistes dessinent des vignes, des boucles et des courbes qui font surgir l'image finale du sol. Le dessin terminé, les jeunes acrobates allument des bougies placées à toutes les extrémités de l'image. Une fois que ma grand-mère place sa bougie au centre de l'image, des rires de joie annoncent l'entrée de ma tatie Rayray et de ma cousine Magalie, accompagnées d'une multitude de belles dames en blanc. Une fois toutes en scène, elles laissent les rythmes des tambours s'emparer de leurs... épaules, de leurs torses, leurs hanches, leurs pieds, leurs bras et leurs âmes. En pleine frénésie, leurs jupes montent légèrement au-dessus de leurs chevilles, de leurs genoux et de leurs hanches. Gracieusement, elles encerclent de leur danse les musiciens, ma grand-mère et finalement nous, les spectateurs. Certains touristes attendent une invitation pour danser, d'autres n'attendent aucune invitation pour se lever et se déhancher, car les tambours les avaient déjà inspirés.

*La Conteuse invite de vrais spectateurs de la salle à danser avec/ou sans l'aide de l'Ancêtre. Une fois les spectateurs de retour à leur siège, la Conteuse poursuit son récit.*

Moi (*pause*), je ne me souviens pas de m'être levée de mon siège, d'avoir marché vers la scène et d'être montée sur une table que quatre hommes soulevaient avec leurs dents. Je ne me souviens pas qu'une fois là-haut, j'aie laissé la musique éveiller en moi une danse qui vibrait secrètement dans mes... épaules, mon torse, mes hanches, mes pieds, mes bras et mon âme. Une danse de liberté, de guérison et de renaissance. Oui ! Liberté, guérison, renaissance ! Liberté... Guérison... Renaissance... Je ne me souviens de rien de tout cela lorsque je me réveille couchée sur la plage, au doux chant de ma grand-mère et de maman.

— Maman, tu es venue ?

— Oui, ma fille, je suis là !

Elle m'aide doucement à m'asseoir, car je me sens si fatiguée, mais si bien.

— Oh non ! Je me suis endormie et j'ai raté la fin de ton spectacle, *granmè* !

— Tu n'as rien raté *pitit mwen*, au contraire, *ou louvri je w* juste à temps.

Et là, des rires de joies détournent mon attention. Les touristes partis, les artistes mangent et dansent ensemble dans la cour. Je me retourne pour demander si on peut se joindre au rassemblement... Mais mes paroles sont interrompues par les retrouvailles qui ont lieu devant moi.

— *Padon, padon manman*, j'ai toujours été jalouse de ton attention aux autres et j'avais honte de ta vocation... Je voulais une autre vie, mais malgré que je sois loin d'ici, tu n'as jamais...

— Jamais arrêté de t'aimer et te demander... *Padon. Padon pitit mwen. Mwen se manman tout moun*... Mais c'est seulement après que tu étais à l'autre bout de l'océan que j'ai su comment être la mère dont tu avais besoin, *yon vre manman*.

Je me joins à leur cercle d'amour et de pardon. Et dès qu'elles m'embrassent... je vois. Je vois que je suis l'instrument de leur renouement, la source de leur pardon. Je vois aussi que je dois faire la même chose que la petite fille de mon dessin d'enfance... Alors, sous le regard de *Manman lanmè* et de maman, je dessine...

*La Conteuse dessine.*

Je dessine le retour de maman dans son petit village où elle réapprend les dons qui ne l'ont jamais vraiment quittée. Car ce n'est pas pour rien qu'elle était l'infirmière la plus populaire aux soins palliatifs de son hôpital. Je dessine les papiers de divorce que maman laisse sur le bureau du cabinet de papa. Je dessine ma vraie nature amoureuse. Je me libère de mon fiancé pour accueillir mes amants et nos enfants... mes multiples métiers et mes rêves. Je dessine aussi le long sommeil de ma grand-mère qui aura lieu au bord de la mer entouré de tous ses enfants, ses petits-enfants et tous les gens de son village... Le tout signé de croix, de cœurs et de fleurs.

*Pause.*

Je dessine aussi ma venue ici, hier et aujourd'hui, pour vous raconter cette histoire...
*Ye misti krik !?*

*La Conteuse et l'Ancêtre chantent ensemble la chanson « Rasanbleman » de Toto Bissainthe.*
*FIN*

# Rendez-vous lakay

La présente version de *Rendez-vous lakay* est le fruit d'une tournée scolaire en français et en anglais produite par le Black Theatre Workshop, à Montréal, en 2018.

Sous le titre *Rendez-vous with Home*, une version précédente de la pièce a été créée en anglais au festival SummerWorks en août 2008, puis en français au Théâtre français de Toronto en décembre 2009.

## Équipe de création

| | |
|---|---|
| Texte et interprétation : | Djennie Laguerre |
| Mise en scène : | Rhoma Spencer et Dayane Kamana Ntibarikure |
| Percussionniste : | Karl-Henry Brézault |
| Chorégraphie : | Sara Rénélik |
| Décors et costumes : | Jorge Sandoval et Nalo Soyini Bruce |
| Couturiers : | Matt Donelly, Mélanie Michaud et Nalo Soyini Bruce |

## Distribution

La Conteuse : Djennie Laguerre
Percussionniste : Karl-Henry Brézault

## Personnages

La Conteuse : Joséphine, jeune adulte.
Percussionniste qui joue des rythmes traditionnels de tambour haïtiens.

## Décor

Une ou deux grandes peintures inspirées de l'art naïf haïtien.

Une chaise pour le musicien.

Une grosse valise ou une caisse qui peut devenir plusieurs choses et servir de meuble.

## Intro

*Musique de tambour traditionnel haïtien. La Conteuse entre en dansant.*

*Mesyedam, lasosyete bonswa ! Chita*, prenez une chaise. Les paroles que je vais vous dire vous obligent à vous s'asseoir... Elles font de ce théâtre ma cour, elles font de moi votre conteuse. Je me présente, je m'appelle Joséphine, et ce soir, je vais revivre avec vous mon premier voyage en Haïti. Ne soyez pas surpris si une larme ou un sourire effleure votre joue, car je vais peindre des images d'un Haïti passé. Passé, mais jamais oublié. Alors, comme la tradition le demande, si la cour ne dort pas, qu'elle m'accompagne dans mon voyage en répondant *Krak* lorsque je dis *Krak. Krik ?* Et si je dis *Ye krik ? Ye misti krak ? An nou ale !*

## Les préparatifs – Les consignes de maman

C'est un beau dimanche ensoleillé dans la douce vallée d'Ottawa quand maman, la reine du foyer, interrompt notre repas avec cette annonce :

— Votre père est mort. (*Pause*) Joséphine, mets de côté tout sentiment d'abandon et de rancune et va en Haïti avec ta sœur afin d'honorer vos obligations.

— Honorer nos obligations ? C'est la première fois qu'on voit notre père en vingt ans pis il est mort !

— Pardon, ne me faites pas honte. Après toutes mes années de lutte, à titre de mère monoparentale, je veux leur montrer mes deux plus belles réussites.

Pendant que Suzette et moi ne savons pas quoi répondre, maman fait nos valises.

— Saluez les gens avec un bonjour, bonsoir ! Et on les embrasse sur la joue. Une fois, c'est assez. Deux fois, c'est français. Avant d'aller vous coucher, souhaitez à tous une bonne nuit, faites de beaux rêves. Au lever, brossez vos dents, lavez votre visage et faites une petite toilette du bas avant de souhaiter à tous un bon matin. Aussi, c'est très important de demander aux gens s'ils ont bien dormi. *E tanpri souple*, écoutez la réponse, même si c'est un long récit qui annonce la venue d'un ouragan ou d'un enfant illégitime. Lorsque vous vous adressez à vos tantes et vos oncles, vous dites « ma tante » une telle, « mon oncle » un tel. Remerciez toujours les bonnes, les serviteurs pour leurs travaux et à la fin de votre séjour… *Bay on ti bagay.* (*Elle fait signe avec les doigts de donner de l'argent.*) S'il vous plaît, ne jugez pas les coutumes haïtiennes que vous ne comprenez pas et, surtout, n'abusez pas de celles qui font votre affaire.

À peine maman a-t-elle fini ses recommandations que Suzette demande :

— Comment ça s'fait que la première république noire à s'libérer de l'esclavage a encore des bonnes ?

— *Wololoy*… Ce genre de questions amène toujours maman à raconter la glorieuse mais turbulente histoire d'Haïti.

## Les préparatifs – Éclats patriotiques de maman

*La Conteuse interprète la mère.*

— *Timoun, Chita !* Honneur… ? Lorsque quelqu'un vous dit « honneur ? », vous devez répondre « respect ! ». Honneur ? (*La Conteuse invite le public à répondre.*) Je commence par les *nèg mawon*, ensuite *boukman*… sans oublier la femme au centre du *bwa kayiman* qui évoque l'esprit des ancêtres pour transformer des millions d'esclaves en une incroyable armée menée par Toussaint Louverture !

*Tambour.*

*Grenadye alaso !*
*Sa ki mouri – zafè a yo*
*Zafè a yo* – (*La Conteuse invite le public à répondre.*) *Zafè a yo*... Hé, hé... les oppresseurs, les conquérants, *blan yo* ne veulent pas que les autres colonies entendent cet écho de liberté. Trop tard, les esclaves de la Nouvelle-Orléans sont déjà au courant.

*Ce qui suit est chanté sur l'air de l'hymne « America, the Beautiful ».*

*Here comes America. Propaganda times...*
*Let's name them Haitians voodoo practitioners,*
*Human flesh eaters, disease carriers...*

*Arrêt du tambour.*

*Shit hole country*
*Woooy*... Papa Doc empereur à vie
*Yeee*... Baby Doc banni à vie
Peau claire contre peau foncée, les riches contre les pauvres
*Titide, lavalas*... tornade, tremblement de terre ?
*Ede nou Jezi !*

Quand est-ce que ce peuple connaîtra la paix ? Un peuple qui s'est battu pour la liberté avec *bout bwa !* Des bâtons contre des canons… (*La Conteuse redevient Joséphine.*) Canon, je laisse maman continuer et je m'évade dans mes pensées.

## Les préparatifs – Les souvenirs

Pourquoi, maintenant qu'il est mort, seuls les bons souvenirs de mon père surgissent-ils dans ma mémoire ? Pourtant, il nous a laissé plus de mauvais souvenirs que de bons.

Mais en ce moment, seuls les bons dansent dans ma tête.

> *Rythme de kompa au tambour ; de l'ancienne génération.*

Je revois papa qui dérange maman dans la cuisine pour qu'elle danse avec lui parce que…

— *Mizik la bon !* (*Improvisation de paroles en créole dans le style de ce qui suit.*) *Cheri vin danse non… non monchè map travay… cheri vin danse.*

> *Maman se fait prier… mais finit par danser sur de la musique kompa ; la Conteuse personnifie ses parents qui dansent dans la cuisine.*

Pourquoi ce n'est pas notre fuite en pleine nuit vers une maison d'accueil pour femmes battues que je revois ? Pourquoi ce n'est pas son absence à nos anniversaires, nos graduations et nos nuits passées à l'hôpital ? Pourquoi ces images ne sont-elles pas les premières à envahir ma tête ? *M'pa konprann !*

## Dans l'avion

Je reviens à la réalité une fois que Suzette et moi sommes dans l'avion en route vers la perle des Antilles. Je jette un coup d'œil à ma sœurette. J'observe son élégant tailleur blanc, ses cheveux remontés dans un somptueux chignon. Ses lèvres d'un rouge diva, ses ongles peints à la française... Oh, oh ! Elle est habillée pour un mariage !

— Chérie d'amour... on va à des funérailles, pas à des fiançailles.

— Écoute la grande, on va aux funérailles d'un homme que j'ne reconnaîtrais même pas si j'y tombais sur l'nez dans rue. J'vais pas laisser la mort de c't'homme-là ruiner ma première visite à la terre de mes ancêtres.

Je lui rappelle que « la terre de tes ancêtres accorde beaucoup d'importance au devoir et au respect. Donc, tu n'devrais pas arriver aux funérailles de c't'homme-là que tu n'reconnaîtrais même pas si tu y tombais sur l'nez dans rue, costumée pour un mariage ! »

*Pause.*

Suzette me remercie pour la leçon culturelle, ouvre son guide touristique et m'ignore pour le reste du vol. (*Sarcastique*) L'union fait la force... hum ? *Ye krik ?*

## L'arrivée – À l'aéroport

Une fois atterrie à Port-Au-Prince, c'est mon tour d'apprendre une leçon. À peine ai-je mis le pied hors de l'avion que... le soleil s'accroche à mon habit noir comme si c'était son amant. Je n'arrête pas de transpirer. Je bouge à peine, même que j'ai arrêté de bouger... ben... jusqu'à ce que les autres passagers excités d'être au pays me poussent à descendre l'escalier un peu plus vite. Ce n'est pas tout !

Mes cheveux, que j'ai pris la peine de défriser pour ce voyage, tout d'un coup se rappellent qu'ils viennent de Mama Afrika. Alors, *black and proud*, ils se libèrent de ma coiffure européenne, se frisent et s'élancent dans toutes les directions pour saluer le soleil. Bref... j'ai l'air d'un ours polaire perdu sur une plage !

De son côté, Suzette s'épanouit en une magnifique fleur exotique. Pas un seul cheveu ne s'est échappé de son chignon. Son veston tombe de ses épaules pour dévoiler une peau brillante. Je transpire, elle scintille. Je sue, elle reluit. J'ai l'air de quelqu'un qui vient de courir un sérieux marathon. Elle ressemble à Beyonce qui émerge gracieusement de la mer. *Krik !?*

Une fois dans l'aéroport, (*en parlant de Suzette*) la fleur et (*en parlant d'elle-même*) l'ourse.

Nous sommes tout de suite accostées par des bagagistes.

— *Manmzèl* par ici...

— ... *Pou sèlman di dola manmzèl !*

— ... *Di dola pa valiz.*

Je m'apprête à remettre quarante dollars au plus zélé du groupe pour que nos valises ne soient pas fouillées et cadeaux saisis quand Suzette...

— *Karann dola* ? On connaît nos droits ! On ne va pas s'faire intimider par une bande de vagabonds.

Oui, elle a dit vagabonds, et comme ils ne se déplaçaient pas, elle ajoute :

— Pis... faites du vent, sacrament !

Je la pousse dans un coin.

*À Suzette.*

— Chérie d'amour, on est en *Ayiti*. Un pays où les Tontons macoutes, les esprits chrétiens et africains, les duvaliéristes, les désastres humains et naturels, éprouvent incessamment un peuple qui demeure résilient. Alors fais attention qui tu traites de vagabond et à qui tu dis de faire du vent, sacrament !

Je me retourne vers les bagagistes qui nous entourent tous à présent et je leur dis :

— *Eskizé li… Papa l mouri… li mmm…* bouleversée.

Mes excuses sont bien reçues puisqu'ils se mettent et à rire de mon créole et à imiter l'accent québécois de Suzette. Dieu merci ! Un autre passager vient à notre secours et, grâce à son aide, le reste se passe en douceur. Même que le douanier nous souhaite : « Bienvenues au bercail, mes sœurs. »

Nous avons à peine remercié notre héros que nous sommes assommées par le spectacle humain qui nous attend à la sortie de l'aéroport. La clôture de la gare est recouverte de gens. Des mains sont tendues pour demander de l'argent, d'autres tendent des bébés. Les marchands nous vendent de tout : des fruits, des vêtements d'occasion, des produits de beauté, tout ce qu'ils peuvent se mettre sous la main. Et en même temps, les chauffeurs de taxi luttent pour notre attention.

— *Doudou !*

— *Ti cheri !*

— Mademoiselle, par ici !

Avant que des larmes de tristesse voilent nos yeux, un autre chevalier vient à notre secours.

## L'arrivée – Max

— Bonjour cousines, je suis votre cousin, Maximilian. Le fils de tante Gigi, mais vous pouvez m'appeler Max.

Est-ce *la* tante Gigi dont la rumeur raconte qu'elle est le fruit d'une liaison illicite de notre grand-père ? Peu importe, il nous embrasse et nous fait signe de le suivre. On le suit tout de suite. Pourquoi on l'a suivi sans hésitation ? Parce qu'on avait peur du brouhaha de l'aéroport ? Parce qu'on ne connaît personne d'autre ici ? Non. Cousin ou non, on l'aurait suivi jusqu'à l'autre bout du monde, car il est simplement le plus bel homme noir qu'on ait jamais vu. À la vue de sa belle peau foncée, j'ai finalement compris le dicton noir américain « *The blacker the berry, the sweeter the juice* ». Ses bras me donnent le goût de regarder plus de… basketball. Ses beaux yeux disparaissent lorsqu'il sourit. Hum, charrrmant. Et son sourire... Son sourire est plus brillant que les rayons du soleil ! Non, je n'exagère pas. J'ai vu le soleil se cacher lorsqu'il sourit. Incroyable ! Il transporte nos deux grosses valises et il demeure *fresh*. La poussière n'ose pas se poser sur son pantalon en lin. Pas un seul pli n'ose s'installer sur sa chemise. Rien ne peut dérégler la douce cadence de ses pas. Voyez-vous le portrait ? Est-ce que je peux parler de lui encore plus ? Dites oui... Oui !

Imaginez... Une goutte de sueur qui s'écoule de ses cheveux crépus, contourne son visage et chatouille la courbe de sa nuque.

Mais avant qu'elle s'écoule sur sa chemise, il s'arrête, sort un mouchoir de sa poche. Et d'un seul mouvement, il essuie son cou, son visage et son front... Ah ! J'aimerais être ce mouchoir... Ayoye !

*La Conteuse reçoit un coup de coude.*

Mon rêve est interrompu par Suzette :

— Franchement, c'est notre cousin !

— Non, toi franchement !

Max observe l'échange, nous sourit et nous dirige vers trois adolescents allongés sur une jeep rouge.

— Enchanté cousine, moi c'est Ti-Jean.

— *Sak pase kouzin ? Mwen se Fernand men ou ka rele'm Fanfan.*

— Et moi c'est Paolo, *what's up, couz* !

Leur style est complètement différent de celui de Max. Les trois mousquetaires, c'est ainsi que nous les avons surnommés, ressemblent à des rappeurs américains sans le *fame* et le *bling bling*. Mais le plus surprenant, c'est qu'à les entendre parler, on a l'impression qu'ils sortent tout juste d'un lycée français. Il faut attendre encore un peu pour entendre cet accent haïtien qu'on aime tant imiter. Comme... « *Chéri vient que je te pawl.* » *Ye krik !?*

En deux temps, trois mouvements, Max devient notre chauffeur. Les trois mousquetaires prennent soin de nous et de nos valises. Une fois assises à l'arrière de la jeep, Suzette et moi avons les cheveux au vent et le cœur dans la gorge. « Ah le Palais National !... Oh le marché !... Est-ce la Citadelle ? » On admire à peine le paysage à cause de la route serpentée.

Et les mille et une questions de nos cousins. Ils veulent tout savoir sur notre vie au Canada, ils pratiquent leur anglais et lancent des cris de joie à chaque expression québécoise de Suzette. Suzette, emballée par toute cette attention, en profite pour demander qu'on nous emmène faire les touristes. Elle demande même qu'on nous emmène voir une cérémonie vaudou. Une cérémonie vaudou ? Ce n'est pas quelque chose qu'on demande comme ça, en passant, à n'importe quel Haïtien. D'un regard, je lui dis : « Mais ça va pas ! »

À ma surprise, non seulement ils ne sont pas insultés par sa demande, mais ils offrent de nous emmener tout de suite à la plage et de nous trouver une cérémonie authentique, plus tard. J'ai rien compris. On fait des plans pour un séjour touristique à présent ?

— Hum... Excusez-moi les amis, si je me souviens bien, le but ultime de notre séjour c'est les funérailles de notre père, votre oncle.

Si j'avais arrêté là... ça aurait été poli, intelligent, mais non. Je frappe le siège du chauffeur pour qu'il arrête. Je saute hors du véhicule et je leur dis :

— *Mwen pap fè yon pa san m pa wè kô papa m, e pou nou mete l anba tè ?* C'est ça, je n'irai nulle part sans avoir vu le corps de mon père et que nous l'ayons mis sous terre.

Après un long silence, Max, sans me lâcher du regard, téléphone à sa mère et lui demande de nous rencontrer à la morgue. Une fois en route, tout le monde prend bien garde de ne pas me fâcher. Tous, sauf Suzette, qui me jette des regards de « niaiseuse ! » auxquels je lui réponds :

*La Conteuse aspire de l'air entre ses dents pour exprimer sa frustration.*

— Tchipsssssssss... *Ye krik !*

## L'événement – À la morgue

Aussitôt arrivées devant la morgue, on n'entend que tante Gigi. Elle nous serre si fort dans ses bras que son parfum « Bien-être[1] » nous colle à la peau pour le reste de la journée. Hum... Papa faisait cadeau de ce même parfum à maman... Tante Gigi est pleine d'énergie, mais sa gestuelle, sa démarche est au rythme d'un après-midi antillais. Hum ! À y réfléchir, ils ont tous cette démarche précieuse, sensuelle, mais celle qui m'enchante le plus, c'est celle des marchandes.

*La Conteuse devient une marchande antillaise qui chantonne et balance ses hanches en annonçant ses produits.*

---

[1] Eau de Cologne haïtienne qui est appliquée, souvent généreusement, après le bain.

*Bannann, kokoye... Medam, mesye, mwen gen bon mango doudousssss, mango batis, mango fransik, (en chantant la chanson de Tabou Combo) « Pi gwo, pi long, pi apetisan... » Mmm ! Bannann gwo Michel, bannann miske mmm... mmm.*

*La Conteuse redevient Joséphine.*

Tante Gigi n'arrête pas de parler :
— Mes nièces, je prends toujours de vos nouvelles. Si belles, si éduquées... C'est dommage qu'on se retrouve pour une si triste occasion. *Men Bondye Gran !* Il a fait de vous des enfants fidèles malgré que votre père ne le mérite pas. Mais lorsque le devoir fait son appel... L'enfant se doit de répondre ! Dieu soit loué, vous avez une si bonne maman, forte, croyante, il y a beaucoup d'enfants qui grandissent sans maman, sans papa...

Elle continue à parler comme ça jusqu'à ce qu'on se retrouve face à face avec le directeur de la morgue.

## L'événement – Monsieur Reggis

On appelle ces braves hommes *kwôk mô* ! Il paraît qu'ils s'appellent croque-morts parce que les hommes qui avaient cette charge mordaient le gros orteil des gens pour s'assurer qu'ils étaient bien morts...

Ils sont des squelettes vivants en habit et chapeau noir. Maman m'a dit que la plupart sont des alcooliques qui passent plus de temps avec les morts qu'avec les vivants. Que leur visage reflète toute la tristesse dont ils ont été témoins et toute la compassion qu'une personne peut éprouver sans exploser de douleur. (*Pause*) Sommes-nous en bonne compagnie au côté de monsieur Reggis ? Eh oui ! Le mort-vivant a un nom. Et... Il fait son travail avec grâce et cérémonie. Il nous introduit soigneusement dans la chambre du mort.

Il ouvre délicatement le tiroir contenant le corps du défunt. Et une fois assuré que nous n'allons pas fuir ni défaillir, il quitte doucement la salle. *Ye misti krik !?*

Une fois seules, Suzette et moi restons près de la porte, mais tante Gigi se lance tout de suite sur son frère : « *Poukisa ?* Pourquoi, pourquoi ? » Avant même qu'on pense à réagir, elle nous prend par le menton et nous met face à face avec le mort. Terrifiées, Suzette et moi on perd notre équilibre, alors on s'accroche au lit du défunt, qui à son tour bascule hors de sa case et va s'écraser au plancher... mais on l'attrape juste à temps. Ce n'est pas tout, non messieurs dames ! Au même instant, un des fameux *blackout* de Port-au-Prince nous tombe dessus.

*Blackout sur scène et dans la salle de spectacle.*

Ordinairement, on aurait pu affronter une petite panne d'électricité, mais dans le sous-sol d'une morgue, avec un mort entre les mains, dans un pays qualifié de « magique », tous les tabous et les rumeurs à propos d'Haïti nous envahissent la tête. Tante Gigi n'arrête pas de répéter : « *Mwen pa pè*, je n'ai pas peur... Je vous salue Marie, pleine de grâce... » Moi, les seuls mots catholiques qui me viennent aux lèvres sont : « Hostie de calice de tabernacle », alors je me tais, jusqu'à ce que Suzette se mette à dire des folies :

— C'est le loa de la mort...

— Mais ça ne va pas ?

— Non, écoute : dès que j'ai vu le chapeau et le costume noir de monsieur Reggis, je me suis dit qu'il y avait des esprits dans l'air.

— Voyons Suzette !

— Monsieur Reggis, c'est vraiment le Baron samedi, le chef des morts qui vient posséder nos corps. En tout cas, ça va être le fun !

— La ferme, Suzette, la ferme !

— Mes nièces, quel sacrilège, *se katolik nou ye, wi !*

— Allez tante Gigi, là c'est pas l'temps de nier tes racines.

— Bon Dieu, fais qu'elle se taise !

— Oui, mes nièces… *an nou priye Bondye…*

— Ah non, on ferait mieux de prier à Erzulie, car elle a plus d'influence ici, c'est une femme, puis…

Suzette n'a pas terminé sa phrase qu'un grincement de la porte laisse entrer un courant d'air glacial accompagné d'une lumière flottante. Croyantes ou non, on s'est toutes mises à prier :

— Je vous salue Marie, Notre Père qui est aux cieux… ah ! Hare Krishna !

Pendant que nous prions, la lumière flottante se transforme en un visage osseux d'où émerge un :

— Mesdames, ça vaaaaaaaaa ?

Avant qu'on réalise que la voix et le visage appartiennent à monsieur Reggis, on lâche toutes un :

— AHHHHHHHHHHHHHHHHHH !

D'une main, monsieur Reggis remet le mort en place et nous ramène à la clarté du jour. En un rien de temps, nous sommes dehors avec Max et les trois mousquetaires à rire de notre aventure.

## L'avant-veillée

— *Woy*, jeunes gens, c'est assez ! Allons à la boulangerie donner un coup de main aux préparatifs de ce soir. Les mousquetaires, restez ici pour accompagner le corps à la salle d'exposition. *Ann ale ti-moun*, vite rendons-nous au foyer familial. Avant que les gens, sous prétexte de chercher des « souvenirs », vident la maison du mort.

Aussitôt que tante Gigi finit sa phrase, une multitude de gens jaillit de toute part pour nous accueillir. (*Elle fait la bise.*) Mais qui sont tous ces gens ? La famille ? Tous ? Max nous dirige, malgré la foule, à l'intérieur de la boulangerie où des mains et des joues farinées nous embrassent encore plus fort. Même un clochard salue « *lè gran dam peyi etranje* », juste avant que les boulangers l'arrêtent, lui donnent du pain et le chassent à coup de pied. « *Wouyy !* »

## L'avant-veillée – À la boulangerie – Maison familiale

À travers la boulangerie, on se rend dans la résidence familiale. Aussitôt, nous sommes accueillies par le grand, grand frère de notre père, tonton Pierre. Fièrement, il nous fait visiter la maison où notre père a grandi avec ses quatre frères et cinq sœurs. Nous sommes installées dans la plus belle des chambres, celle de nos grands-parents. Malgré le passage du temps, les meubles et les accessoires des années vingt n'ont pas perdu leur charme et leur élégance.

## L'avant veillée – Kékètte

Kékètte, une cuisinière très bavarde… Oui, c'est son nom. Elle sert la famille depuis le début des temps. Kékètte nous informe que tous les tableaux qui décorent la maison familiale ont été peints par notre père.

Elle a soixante quelques années, mais elle a les courbes et l'énergie d'une femme de trente ans. Pendant qu'elle nous sert de la banane sucrée (« *Ou vle yon ti bannann matmwazèl ?* »), de la limonade faite maison (« *Men yon ti ji cheri !* »), elle nous parle de Jean Eudes Lafortune, notre père :

— *Mesye Jean sete yon bon atis wi, men li te aksepte vin yon enjenyè pou fè gran moun yo plezi.*

Mais je ne comprends rien. À ma grande surprise, c'est Suzette qui me traduit tout.

— Ben ! Elle dit que notre père était un bon artiste, mais y'est devenu un ingénieur pour faire plaisir à ses parents.

— *Lè peyi etranje yo pa rekonèt diplôm ni. Li vin yon ti jan fou, li vin yon move mari, yon chofè taxi fristre.*

— Quand y'ont pas reconnu ses études au Canada, y est devenu un mari fou, un chauffeur de taxi frustré et un salaud de père.

— Suzette, elle a vraiment dit « salaud de père » ?

— Ben quoi, ce n'est pas vrai ?

— … *Apre divôs la li tounen Ayiti, kote l mennen yon vi atis pôv. Li pa pale ak pyès moun nan fanmi an.*

— Après l'divorce, y est revenu en Haïti où il vit comme un pauvre artiste, sans parler à sa famille.

— *Men apre sa, li vin gen yon gwo siksè nan tout vil la, ak touris e nan galri yo tou… E se sa ki fè fanmi li vin jwen li ankô. Amèn Alelouya !*

— Y a eu un grand succès auprès des touristes et des galeries d'art. C'est comme ça que sa famille l'a retrouvé.

— *Adjewoooo, gran moun yo mouri san yo pa wè siksè ti moun nan. Ala yon la vi wooo !*

— Dommage, ses parents sont morts sans voir son succès. Maudite vie !

— Vous voyez, votre père…, continue tonton Pierre, a développé un style de peinture qui mélange l'art naïf haïtien à l'art moderne américain.

Il nous montre deux cartes postales. Sur l'une est peinte l'image d'une femme qui monte un des fameux escaliers en colimaçon de Montréal. Sur sa tête, un panier ; sur son dos, un bébé. Sur l'autre est peinte l'image d'une femme en route vers l'église qui tire une petite fille qui regarde la tour Eiffel. En voyant la seconde image, Suzette crie :

— Les femmes, c'est maman !

— Et le petit bébé, c'est toi, Suzette, et la petite tête afro, c'est toi, Fifine. Vous étiez toujours dans son cœur. Alors il vous a peintes dans ses œuvres. Il vous laisse toute sa collection comme une lettre d'amour à votre maman.

Suzette s'apprête à faire un de ses fameux commentaires lorsqu'un « *Tonnè kraaaze'm* » surgit de l'extérieur.

## Chicane de la mère des deux nouveaux frères

On accourt tous dehors pour voir tante Gigi en pleine dispute avec une femme qui a les mains sur les hanches :

— *Padon*… il a tout laissé à ses filles ?! Et *nou menm*, comment allons-nous survivre ?

— *Madanm fè rèspè w !* Ce n'est ni le lieu ni le moment. Quittez tranquillement s'il vous plaît.

— *Ki sa ?* La famille Lafortune doit à mes fils une partie de sa fortune.

— *Mwen mande Bondye padon ! Gade ti fi !* Il fallait penser à ça avant d'ouvrir tes jambes à droite et à gauche. Où est ta bague de mariage, hein ? *Kote bag ou Manman Bouzen ?*

La femme fait apparaître deux angéliques petits garçons.

— *Men bag mwen yo.* Voici mes deux bagues, sale chienne de bourgeoise.

*Improvisation physique de la dispute, jusqu'à ce que tante Gigi crie :*

— *Gèt manman w !*

Ce qui suit était d'un créole trop avancé pour moi. Et un rappel trop vif des combats explosifs de mes parents. Pendant que les gens se réunissent pour regarder le reste du drame, les enfants de Jean Eudes Lafortune sont laissés seuls à se regarder.

## L'avant-veillée – les nouveaux frères

Eh oui ! Ce sont nos frères. Ce sont des petites versions masculines de Suzette. Tel que Suzette est une petite version féminine de notre père.

Je regarde avec jalousie leurs longs cils. Mais je ne peux m'empêcher de me perdre dans leurs yeux. Des yeux qui rayonnent de cette pure dignité que seuls les yeux des enfants pauvres possèdent. C'est ce mélange d'innocence et de courage qui me pousse à leur tendre la main. Tout ce que j'offre, c'est une poignée de main en guise d'amitié, mais ce que nous recevons sont deux câlins pleins d'amour et la dispute prend fin. *Ye krik !?*

## La veillée en fête

Au même moment, les trois mousquetaires, accompagnés de monsieur Reggis, arrivent cercueil en main. Ils nous dirigent vers une petite cabane derrière la maison familiale, c'est l'ancienne salle de couture de notre grand-mère qui a été transformée en atelier de peinture pour notre père.

*Pantomime de la Conteuse qui marche comme si elle prend part à une cérémonie funèbre.*

*Avec emphase.*

— Mesdames et Messieurs, en exposition ce soir, Jean Eudes Lafortune, mort.

Le cercueil est placé sur une table au centre de la salle. À chaque coin de la table, quatre saints en prière sont peints sur d'énormes chandelles. Suzette, nos frères et moi, main dans la main, nous sommes figés sur place, bouche bée à la vue de toutes les peintures qui habillent le plancher et les murs de la salle. Le mariage de nos parents, ma naissance, le baptême de Suzette. La famille ensemble, la famille séparée… Est-ce le poing de papa qui frappe la joue de maman ? Eh oui, bon et mauvais, tout est exposé… Les pleureuses me ramènent à la réalité. Elles produisent plus de bruit et d'eau que les chutes du Niagara. La famille s'aligne pour recevoir : « … Mes condoléances… *Kouraj*… Après tout c'était un grand homme… »

Vers onze heures, tante Gigi sert le fameux thé au gingembre puis elle quitte avec nos petits frères, les pleureuses et quelques personnes. Dès leur départ, l'atmosphère de prière se transforme en fête. Des jeux de dominos et de cartes apparaissent de nulle part. Le rythme des tambours et la musique kompa envahissent la salle. Le thé est remplacé par du café, du rhum Barbancourt et du Clairin. Les gens lèvent leurs verres : « Repose en paix, *frè m.* » Suzette a finalement trouvé la fête qu'elle cherche depuis son arrivée.

C'est l'heure des contes ! *Ye krik ? Ye misti krik !* De qui on parle ? Du mort. De quelle façon ? Avec des blagues… De toute façon, il n'est pas là pour se défendre.

Chaque histoire débute avec « *Si entèl te la…* Il aimerait cette histoire, ou cette autre histoire ». Hum, je me demande s'ils aimeraient l'histoire de sa femme et ses enfants qui s'échappent d'un fou furieux… ivre. Fanfan m'offre un verre de rhum. Sssssssshhh… ça bouche un coin.

Le reste de la soirée… Tout en douceur ! Voilà Suzette qui raconte l'histoire de notre chanson préférée, « La complainte du phoque en Alaska ». Wow ! Toute la salle l'accompagne pour chanter :

— Ça ne vaut pas la peine de laisser ceux qu'on aime pour aller faire tourner un ballon sur son nez. Hum, hum, hum…

Ils pensent tous à quelqu'un qui a quitté le pays pour aller faire fortune *nan peyi etranje.*

Oh, ma tête… le tambour… Hein ! Devinez qui danse comme une possédée ? Eh oui, Suzette ! Maintenant elle fait équipe avec Paolo pour imiter Bouki et Malice :

— *Se pa fôt Bouki non, li sôôôt !*

Tout le monde dans la salle se met à rire et à répéter « *Si entèl te la, si entèl te la... ey* ».

C'est assez ! Si un tel était là... eh bien nous, on ne serait pas la parce qu'un tel nous ignorait. Il n'avait pas de temps pour nous. Il était bien trop occupé à être un artiste incompris. (*La Conteuse imite tonton Pierre.*) « Regardez, il a laissé des lettres d'amour en cartes postales à votre maman ! Vous avez inspiré ses peintures... » C'est de la merde !

Tu ne nous connais même pas. Comment ça se fait ? On vient de toi, de ton corps, de tes entrailles. Maintenant que tu es mort, une énorme collection d'art et une nouvelle famille nous est disponible. Maintenant, nous sommes dignes d'être les filles de papa... hum... Parce que tu as besoin qu'on s'occupe de ton art et de tes bâtards. Eh bien... *Lanmèd papa !* C'est trop tard. On ne veut rien savoir de toi, de ton art, de ta famille et de ton pays maud...

*La Conteuse monte sur le cercueil et frappe dessus ; elle sort de sa rage et fige sur place.*

Je regarde autour de moi, eh oui ! tout le monde me regarde en silence.

— Je ne ressens pas vraiment ce que je viens de dire... C'est le rhum qui parlait à ma place. Au contraire, je veux connaître ma famille, mes frères… J'aime… j'adore Haïti…

*Pause.*

Max m'aide à descendre du cercueil et me conduit dans les bras de tante Gigi qui tient une Suzette stupéfiée. Elle nous embrasse et mène toute la salle à chanter. « *Wongol o wale ki…* »

*La Conteuse chante « Wongol o », une chanson de deuil traditionnelle haïtienne.*

## Le dénouement

La sérénité et la douceur de leurs voix me consolent, me bercent et me préparent à affronter le grand événement du lendemain : l'enterrement de Jean Eudes Lafortune, mon père.

Après ma crise, aucun jugement, aucun commentaire. Je m'aperçois bien vite que les Haïtiens sont habitués aux grandes scènes d'émotion.

Au moment où le cercueil descend dans la terre, j'entends un : « *Pa kite mwen !* » C'est la mère de nos frères qui s'est lancée vers le trou, mais on l'attrape juste à temps. (*La Conteuse fait le geste d'attraper la femme.*) Tout au long de la cérémonie, les hommes ramassent les grosses mamans qui se jettent par terre avec éclat. (*Pleurs*) « *Wooy, wooy, wooy !* »

Certains se sont plaints du travail forcé, mais même s'il fallait se mettre à deux, pas une seule dame ne fut laissée au sol !

Tante Gigi et Suzette viennent m'encercler d'un câlin pendant que tonton Pierre et Max me tiennent chacun une main. Une position malcommode, mais une union parfaite. L'union fait la force !

## Conclusion

Ce jour-là, Suzette et moi avons enterré toute notre rage, toute notre rancune pour ce papa perdu mais finalement retrouvé. Ce qui nous permet de prendre soin de toutes ses œuvres : ses peintures et nos nouveaux frères.

*Ye misti krik ?*

Oh ! On a fait les touristes. On s'est rendues à la plage, où on a admiré de *bèl gason... bèl ti pouchon*, couleur caramel, café, café au lait, *grimo, grimo chode*, marabout, chocolat, chocolat au lait, avec qui on a dansé au rythme du kompa !

*La Conteuse danse.*

Oh pardon, vous voulez savoir ce qui s'est passé entre Max et moi ? Eh bien... (*Elle va s'asseoir.*) Rien, les adultes nous surveillaient de trop près. *W ap jije m* ? Juge-moi pas... Une femme peut rêver, non ?

*Musique kompa ou tambour.*

*FIN*

## Pour aller plus loin

Les lecteurs et les lectrices sont invité·e·s à se renseigner sur la prononciation du créole haïtien, notamment auprès d'un locuteur ou d'une locutrice, à Créole Haïti (https://creole-haiti.com/fr/apprendre-le-creole-haitien/), ou encore avec l'application payante uTalk ou à l'aide d'un guide de conversation, par exemple la méthode Assimil.

## Liste des chansons nommées

*Dans* Manman la mer

« Fey nan bwa » est tirée de l'album *Haïti* (1999) de Ti-Coca et Toto Bissainthe : https://www.discogs.com/fr/Ti-Coca-Toto-Bissainthe-Haiti-Ti-Coca-Toto-Bissainthe/release/5081748.

« Amor, amor, amor » est tirée de l'album *Momenti* (1982) de Julio Iglesias : https://www.youtube.com/watch?v=-iNbx9Ec5HM.

« Lakou-a » est une chanson traditionnelle qui peut être interprétée de plusieurs façons ; voir « Nou antre nan Lakou a » de Racine Kanga pour un exemple : https://www.youtube.com/watch?v=eBQx4U9LZ5Y.

« Mabouya » est tirée de l'album *Music Machine* (1978) de Tabou Combo : https://www.youtube.com/watch?v=TOlPgJKzCTE.

« Rasanbleman » est tirée de l'album *Toto Bissainthe chante Haïti* (1989) de : https://www.youtube.com/watch?v=FyQssQOJAhk.

*Dans* Rendez-vous lakay

« Pi gwo pi long pi apetisan » est tirée de l'album *Tabou Combo à l'Olympia* (2011) : https://www.youtube.com/watch?v=3RCk49d4D3M.

« Wongolo » est une chanson de deuil traditionnelle ; voir la version qu'en fait Grupo Vocal Desandann sur l'album *Descendants* (1999) pour un exemple : https://www.youtube.com/watch?v=Bd30S3SXc5E.

## Table des matières

*sans explosions cette ville n'existerait pas*
Robert Dickson

www.ingramcontent.com/pod-product-compliance
Ingram Content Group UK Ltd.
Pitfield, Milton Keynes, MK11 3LW, UK
UKHW022012260726
13994UKWH00006B/2433

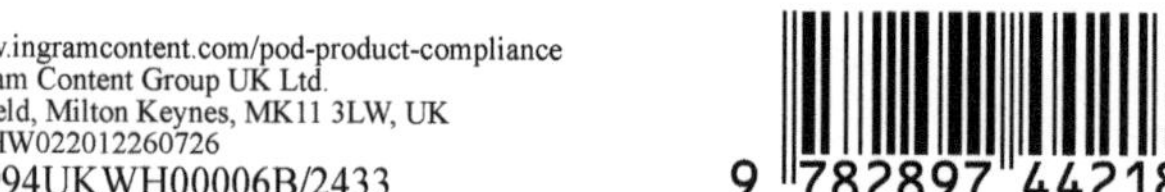